Javier Dicenzo

El asesino de Palermo

Javier Dicenzo

El asesino de Palermo

Varios relatos, inspirada en ese barrio
Argentino, donde todo es original, donde viaje.

JustFiction Edition

Imprint

Cover image: www.ingimage.com

Publisher:
JustFiction! Edition
is a trademark of
Dodo Books Indian Ocean Ltd. and OmniScriptum S.R.L publishing group

120 High Road, East Finchley, London, N2 9ED, United Kingdom
Str. Armeneasca 28/1, office 1, Chisinau MD-2012, Republic of Moldova, Europe
Printed at: see last page
ISBN: 978-620-6-74315-6

El asesino de Palermo

Relatos. Javier Dicenzo

Breve reseña a modo de prologo:

Este relato del asesino de Palermo surgió como una idea a los textos de Jorge Luis Borges, que amaba a los tigres, y hace alusión a mis idas a ese lugar, Buenos Aires donde tuve una relación rara con esa ciudad y ese barrio, allí fui que la odié y la amé, pero en fin este texto alude a un asesino, y una historia en mi vida, los otros textos son recopilaciones anteriores, dejo para el agradecido lector el texto. Recuerdo mis viajes a buenos aires y ver a mi padre que me regalaba libros de Cortazar, Borges y Sabato, y hace poco viajé y leí en un bar de Palermo, buenos aires tiene ese que se yo como dice un tango.

J.D

El asesino de Palermo

Primera parte

El escritor y asesino

I

Aquella tarde en Buenos Aires era lluviosa, el joven salió de la escuela secundaria, y se metió en una casa de armas, él sabía su destino de asesino.

Era una tarde para el suicidio, y caminó un rato, debía embarcarse para Uruguay, y luego volver para estar en clase, y el admiraba a Jack London, y había leído su obra muchas veces.

EL sabía que debía matar, y mujeres, tenía un odio a las mujeres.

II

Aquella tarde se subió al barco y miró el horizonte, en el barco había muchas señoras.

El viaje sería una aventura. Uruguay lo esperaba con su playa.

Ese día no pudo dormir hasta altas horas, y luego tomó su puñal.

Cuando llegó al hotel en Montevideo guardo el puñal.

III

Caminó por una calle olvidada, en Uruguay, debía volver a Palermo en una semana, y tomó su puñal y lo clavó en una piedra. Miraba el lugar y tomo su tablero de ajedrez y jugo.

Aquella tarde fue hermosa pasó en un café con unos amigos si bien era un lobo solitario.

Eran días de lluvia, pero él se sentía bien, y escribió poemas era escritor además de asesino.

Vi unos pájaros en el lugar, y al otro día le tocaba irse en barco hasta buenos aires.

IV

Se bajó del barco había viajado unas horas y fue a su departamento por el ascensor.

Caminó por el lugar, y vio por la ventana la ciudad el barrio.

Tomó el cuchillo y pensó en su última víctima.

Era muy hábil solo había estado preso un mes. El el asesino más astuto pensó mucho.

Caminó por Palermo hasta el Shopping y pensó en muchas cosas sobre su vida.

Ese día pasó como los días y sus crepúsculos.

V

Salió y fue a una casa la mujer dormía tomó su puñal y se lo clavó. Y murió desangrada.

Caminó por el lugar y sentía felicidad.

Ese día comió en su departamento. Veía los árboles.

Y vio una carta por debajo de su puerta.

Leyó la carta y un mensaje que decía. TE ESPERO EN EL LABERINTO.

No supo bien que era eso del laberinto.

VI

Fue hasta el shopping de alto Palermo y comió unas hamburguesas. Y decidió ir a una iglesia.

En el templo no se confesó, y decidió quedarse a la misa.

Caminó por Palermo hasta llegar a su departamento.

Sus pesadillas de noche lo acechaban como unos fantasmas.

Luego de unos días recibió otra nota TE ESPERO EN EL LABERINTO SARA...

VII

Leyó la carta de SARA hablaba de un laberinto mágico, hogar de seres que necesitan perdón de dioses, esa era la invitación, pensó un tiempo.

Aquella tarde mató a dos mujeres, y se sentó en Palermo a mirar unos árboles en los bosques de Palermo.

Caminó un tiempo pensaba en sus novias, en su familia que había sido asesinada por mafias.

VIII

Me baño,, y miró televisión, disfrutaba leer, jugar ajedrez, jugar go.

Era un intelectual. Y pensaba en ese laberinto. Miró su puerta y el espejo.

Y encontró otra nota. Que decía El laberinto sara.

Ese día llovia, era triste, pero el afilaba su puñal.
Camino unas cuadras . Faltaba poco para las elecciones en Argentina, y el debía votar.

IX

Se puso a leer, había viajado al casino de tigre, y leyó un buen rato, la gente comía.

El leía una novela de Henry James. Otra vuelta de tuerca.

Caminó por el lugar, el era un alma libre, un lobo solitario.

Recordó amistades y su mente vivía en un paraíso. Llego a su departamento

Y encontró otra nota. El laberinto te espera...

Eso del laberinto que sería, algún lugar mágico. Se pregunto.

X

Escribió su novela, era de otro asesino en buenos aires, y se relacionaba con sus delitos.

Cada tanto recibía notas del laberinto, su vida era de sombras, tenía muchos fantasmas en su vida.

Por eso, decidió ir a visitar a una catedral, y miraba el lugar su alma vacía era infeliz.

SIguio hasta unas calles, miraba los autos la urbe y se desconoció el mismo no sabia quien era.

XI

Salio a tomar un café, Javier era su nombre, y se sento en el bar, y jugo al ajedrez un rato.

Leyo un libro, y sintió su sangre fresca.

Luego de un asesinato por la madrugada, regresó a su apartamento.

Y vio la nota ... el laberinto del sur te espera.

Siempre pensaba como sería ese laberinto.

Jugo ajedrez hasta tarde y luego se durmió.

XII

Caminó por Palermo, Buenos Aires lo asfixiaba, el era un desconocido, tenía un gran dolor, matar mujeres no era un hecho feliz, pero le pagaban bien por su trabajo de sicario.

Caminó por buenos Aires. Y se sento en un café tomo su juego y practico ajedrez.

La vida era eso la vida.

Se encaminó al departamento y vio otra nota. El laberinto te espera... te espera el laberinto solitario.

XIII

Leyó todas las notas, las guardó en una caja. Ese laberinto lo esperaba, pero donde estaba? Quien se lo dejaba? Eran preguntas sin respuesta.

Bajó por el asensor del edificio, y fue al shoping.

Esa tarde jugo un torneo de ajedrez, y durmió despacio.

Las calles de Buenos Aire en la tarde tenían magia.

Varias veces pensó en el suicidio pero luego se le fue.

Tomó un café y se quedó a leer en el casino , ese día tomo de mas.

XIV

Miró la nota la letra era rara: Te espera el laberinto del sur

Penso un rato y luego se ducho, tomo los cigarrillos y fumó un rato.

Se dirigió a un museo de Buenos Aires.

Tomó un taxi y luego durmió una siesta en su departamento.

Los días pasaban el un lobo solitario

Aquel día sintió un gran dolor en el alma.

XV

Ese día recibió la nota que decía. TU laberinto tu escape tu ciudad mágica

Ya estaba muy interesado que sería eso del laberinto.

Mas allá de todo fue a tomar un café. Había matado dos mujeres en los cauntri

Pero en fin, siguió caminando, solitario lipió su arma.

El era muy solitario era un escritor además y escribia estas novelas .

Dudo si tirarse al río o seguir con vida y vivio, vivio como nadie.

XVI

Aquel día fue difícil, lo llamó su hermana y habló con un amigo.

Era otro luegar, otro lugar que lo esperaba, la nota en su puerta decía El laberinto te espera, ven a la dirección que te daremos y ahí viajaras al laberinto del sur de Buenos Aires.

Penso que esa invitación era hermosa estar en un laberinto lejos en Buenos Aires.

Camino luego por Palermo, miro un helicóptero volar por el lugar.

Durmió, jugo ajedrez, y también aprendiendo un juego chino el go.

Sintió la blancura de la ropa puesta.

XVII

Salió por el obelisco, caminó por varios museos, y comió un choripán en un puesto.

Luego, aquella noche mató a una mujer bella.

Los días pasaban, en su departamento recibió la nota. Te espera el laberinto tu liberación.

Guardó la nota y la dirección, pensó que luego se retiraría de ser un sicario para ir al laberinto del sur, e internarse en ese mundo, como un lobo solitario, para el era un lugar mágico.

XVIII

Cada día era un sufrimiento, la vida se tornaba motona cíclica.

El mataba mujeres, y sentía una gran tristeza.

Miraba el departamento, ese departamento.

La vida lo había llevado a ser eso. Y miraba las notas.

La libertad estaba en el laberinto, en ese territorio, era su final .

XIX

Tomó la nota y esta decía. . EL laberinto te espera, deja tu lugar y vuelve a tus orígenes a la eternidad.

Caminó por una plaza en Flores, el había estado con su padre mirando las palomas, ahora ese lugar era mitico, estaba lleno de fantasmas, su vida era fantasmal.

Se dirigio por la noche a un prostíbulo y tubo relaciones con una prostituta.

Ese dia era un dia cualquiera cuando despertó.

XX

El escritor fue a un lugar de Palermo, y se interno entre la gente hasta encontrar un lugar comodo.

Leyo un tiempo, debía matar a una mujer soltera en un edificio.

Aquella noche no pudo dormir, era un escritor inédito.

Camino por el lugar, contando dinero y jugando ajedrez.

Sintió un placer extraño y durmió.

XXI

Se baño y atendió el celular, lo llamaba un viejo amigo de la cárcel.

Caminó por Palermo, mirando jardines, luego se sentó en un bar y leyó a Paul Auster.

Trilogía en Nueva york, y a Kafka EL proceso.

Aquel día luego de nadar en una pileta, comió unas rabas en un restaurant.

Estaba tranquilo ya por un tiempo no tenía ningún encargo para matar a nadie.

La muerte lo rodeaba

XXII

Aquella mañana recibió una nota: E l laberinto es tu libertad, te esperamos, en la puerta.

Javier sintió que ese laberinto sería su paz, pero como todo tenía su tiempo.

Caminó por varios lugares, sintió tristeza, luego caminó por un soping

Miro unos libros y relojes en una vidriera.

La vida de un escritor sicario no era fácil, el decidió caminar.

Y luego de un tiempo pensó en su madre.

XXIII

El escritor, ese día fue al río, viajo a San Pedro una ciudad cercana a Buenos aires.

Pesco en el río, y caminó por la costa, la soledad lo llevaba lobo solitario en el rio.

Viajo en micro hasta buenos aires, y leyó a Jorge Luis Borges y a Martin Acuña escritores Argentinos.

El pensó en esos grandes autores.

Tomó su puñal salio y vio un gran perro y lo apuñalo.

La policía llego y encontró el perro muerto pero nada mas, no había huellas.

XXIV

Era el ocaso, encontró una nota: Somos los seres del laberinto, te pedimos viajes por Buenos Aires y llegues al sur lejano y el laberinto te espera.

Javier camino por buenos aires, solitario, como haciéndose preguntas en un país Argentina que estaba lejano en el mundo la crisis era muy grande en aquellas épocas.

Decidió no matar mas mujeres, llamó a sus contactos y les avisó que se retiraba del negocio, y que su alma condenada quería estar solo.

Segunda parte viaje al laberinto

I

El viaje al laberinto comenzó aquella tarde, tomó un micro que lo dejaría en esos lugares, la carta le indicaba el camino era fuera de la provincia por la pampa.

Aquel día se sintió tranquilo, su mente estaba lejana… lejana.

II

Miraba el paisaje, era la pampa, y fue despidiéndose de su propia historia y de buenos aires, el pintó su aldea, escribiendo historias.

Dormía un rato y luego se despertaba, en el micro pusieron una película de Darín Ricardo y la vió hasta el final.

Era un viaje tranquilo y leyó en la nota.

El laberinto te espera deberás pasar por suelo sagrado... los espiritus santos te esperan.

Era otro asesino otro escritor, otra historia de vida.

III

Llegó a una terminal fantasma, y vió un gran cartel de la ciudad pampeana.

Y al bajar un hombre le advirtió... allá esta el laberinto.

Camino un trecho y vió el laberinto.

Y vio la entrada del laberinto.

IV

Miró la puerta y llamó:

-Soy el guardian del laberinto, pide pasar

El levanto la mano y fue recibido en ese túnel .

Se adentró, se adentró en el mundo santo.

Vio unos fantasmas, y ángeles.

V

En una casa pequeña, entró y vió una mujer con un cuaderno. -Pasa, replico la mujer_

Y le conto que era ella la que mandaba las notas que el recibió en su departamento de Palermo.

Charlaron un buen rato y luego se despidieron.

En el centro del laberinto estaba la fuente sagrada.

VI

En el laberinto se sintió bien, estaba en paz, y debía cumplir la misión de purificación.

Era un mundo raro.

El laberinto era extraño.

Miraba dibujos prehistóricos en las paredes, de alguna civilización antigua.

VII

Caminó Javier por el túnel, y se encontró con dos caminos, eligio el de la derecha.

Y vió una gran serpiente, en el lugar.

Paso junto a la serpiente.

Era un escritor y poeta que se preocupaba por el universo.

Vló una especie de templo y se metio.

Entró y vio unos hombres raros.

VIII

Regresó con su mente a su niñes, y caminó por el laberinto.

Se sentó en un árbol y rezó a dios.

Era un lugar de largos pasillos, tuneles inmensos.

Así camino por mucho tiempo.

Y una voz le dijo: - Tomá otro camino que la desesperación llega, es un fantasma, ese fantasma mata y es muy destructivo.

Se sentó en una mesa de un lugar del túnel .

Allí jugo un ajedrez extraños, y pasaron varios días.

La desesperación llegó y el estaba oculto en un santuario.

Un chillido de viento fantasmal se escuchó.

_Soy la desesperación.... Se escuchaba el silbido

Trecho en trecho fue desapareciendo.

Y ese fantasma llevó varios animales del túnel.

IX

En ese lugar prehistórico, sintió presencias malignas.

Eran espiritus muy antiguos.

Caminó por un lugar de hongos gigantes.

Y tomó una pluma y escribió en el papel...

Y aquí termina esta parte de la historia

Javier el asesino y escritor , quedó en laberinto.

Otro laberinto lo esperaba, pero esa es otra historia.

Era otro laberinto, otro mundo.

Allá en la inmensidad.

Tercera parte el otro laberinto

No existe la libertad, sino la búsqueda de la libertad, y esa búsqueda es la que nos hace libres. Carlos Fuentes

I

Javier se adentró en otro laberinto, era un laberinto extraño. En el lugar había unos hongos gigantes.

Habló con un ser.- Debes llegar al fin del laberinto y verás el dios.

Caminó el escritor hasta el fin de la galería y era un laberinto de cristal.

II

En el viaje llevó un libro como una biblia y una linterna.

Allí vio un gran oso blanco.

Y sacó su espada, corta, esa que picaneaba.

Llegó a un paraje lleno de árboles.

Luego de un tiempo se durmió en el árbol .

La noche llegó y así las nubes taparon el lugar.

III

Caminó por un lugar lleno de hongos gigantes.

Y miraba el reloj, leía la biblia.

Se internó en una caverna oscura. Lleno de murciélagos .

Sintió terror, a esos mamíferos.

Se interno en el corazón del laberinto , y vió lava arder.

Ese dia sintió que se moría, y revivio del fuego.

IV

Camino por el lugar, y miraba todo, el laberinto.

Pasó por una pileta de peces grandes y extraños.

Y una voz le dijo:- debes ir donde el dios.

Parece que el laberinto tenía sus seres.

Se dirigió a una mesa del lugar y comió unos frutos de un árbol.

VI

El lugar era extraño, pasaban unas mariposas grandes y de rojo carmesí.

Caminaban los seres invisibles en el lugar.

Y todo era muy raro .

Miró por un castillo del lugar. Un castillo lleno de estatuas blancas.

VII

Javier comenzó a escribir un libro, y lo llevaría por todo el laberinto, admiraba a Borges, un escritor universal.

Sintió fuego en su cuerpo. Camino a un arroyo y tomo agua.

El laberinto parecía vivo.

En un tiempo dejo todo la biblia.

En un momento jugaba ajedrez solitario.

VIII

Vio un tigre, y en ese lugar lo apuñaló con su espada.

El felino se fue maullando fuerte.

Javier siguió por el lugar. Caminó lejano.

El lugar era secreto, el dios habitaba del otro lado de la montaña azul.

Los duendes del lugar tocaban flautas.

Y siguió caminando el escritor.

Caminó junto a un arroyo.

Siguio la senda sagrada.

El lugar era prohibido para los seres humanos.

IX

Se adentró en un bosque de lapachos, y sintió el lugar.

La energía, y vió unos sauces llorones.

EL paisaje se mimetizaba con unos lagartos enormes.

Y hablo: - ¿Dónde está el dios? Y un duende le dijo: -Del otro lado de la montaña.

Allí se encaminó Javier, mientras escribía una novela en su cuaderno.

X

Pasó por un puente y se interno, hasta el lugar, la montaña era sagrada. Y Se descalzó .

Una voz dijo: - debes hacer el ritual antes de entrar a tierra de dioses.

Así que hizo la danza y entro en el lugar, un túnel que lo llevaba al centro de la montaña.

Camino despacio para no cansarse.

Irrumpió en una caverna iluminada por velas.

XI

El lugar estaba lleno de brillantes, en medio una luz tenue:

_ soy el dios del lugar, háblame y luego deberás iniciar un viaje hasta volver a buenos aires,

-dios. Repuso Javier. No quiero volver a matar.

El dios dijo- No volverás a matar, irás a otra ciudad, a la buenos aires antigua, pasarás el portal cósmico del tiempo.

Así caminó y bendijo al dios y se inicio en el viaje por el portal.

CUARTA PARTE EL VIAJE POR EL PORTAL

I

Caminó por el portal , y se inicio en el viaje.

Era lejano, su viaje, y escucho una lluvia, como de cristal.

Vió seres puros, y unos rostros extraños. Viajo por el lugar.

Hasta un bosque de sauces azules.

Miró a la distancia unas víboras.

II

Se sento en una mesa y movio las piezas de ajedrez.

Era un escritor consagrado.

Miró el lugar, y sus restos de animales prehistóricos.

La civilización allí había desaparecido.

III

Se adentró en el bosque.

Allá a la distancia estaba un carruaje que lo esperaba.

- Señor este es el carruaje que lo conducirá al camino olvidado, para transitar el viaje a la buenos aires de 1810.

Se adentró en el lugar con el carruaje.

IV

Vivio esos días como de suerte, sintió muchas cosas.

EL escritor se sintió bien. Muy bien.

Caminó por el lugar, sintiendo el calor del sol.

Ese viaje era hermoso por sendas frescas de árboles frutales.

V

Ese viaje lo llevó a un camino bajó del carruaje y con su cuaderno, caminó unos metros.

El lugar era sagrado.

- Allá esta el camino a la buenos aires antigua.

Y así Javier el escritor inicio su camino.

Viajó lejanamente. Con dureza de ánimo.

Sintió emoción.

Quinta parte viaje hasta Buenos Aires

I

Caminó hasta un campo, y se dirigió lentamente a una casa.

En esa casa le dijeron que era 1810.

Así que se dispuso a estar en esa época.

Se sentía extraño.

Así que le pidió un poco de agua de pozo a la mujer.

II

Caminó hacia buenos aires iría al cabildo, era de noche y los carruajes pasaban con los caballos.

III

Los caballos caminaban por los caminos, y veía a los gauchos andar con sus sombreros.

Paró en una cantina y tomó un poco de vino.

Varias veces preguntó por el libro Martín Fierro de José Hernandez.

IV

Llegó al cabildo y se adentró en las habitaciones.

Lo esperó un dios- Hola entra Javier.

Hablaron un rato y le indicó otro portal.- ese portal te lleva a tu vida en Palermo, buen viaje

V

Atravezó el portal, y se encontró en Palermo, y caminó hasta su departamento.

En un tiempo estaba en el mismo punto donde había partido.

Se sentó a jugar ajedrez, y a terminar ese día.

VI

Se dedicó a estar en su casa, había vuelto a su hogar, y dedicó los días a estudiar ajedrez, y a leer libros.

Era de noche, comenzó a llover, Buenos Aires lo aficciaba.

VII

Se durmió, toda la noche, y al despertar vio sombras en el lugar.

Jugó ajedrez y disfrutó de un buen desayuno.

Aquel día permaneció sentado y escribiendo poemas.

Y escribió el siguiente cuento:

El pájaro herido

En el jardín, estaba un pájaro herido, había escapado de la selva, y un hombre lo vio.

El pájaro fue curándose, y así mejoro de a poco.

Aquel día, estaban unos niños jugando. Luego la nada.

El hombre lo puso en una jaula, pero era pequeño. Siguió pasando el tiempo.

Aquella tarde el animal murió y el hombre lo enterró en su jardín.

Cuenta la leyenda que, en España, cada día el hombre sale de su casa y mira el horizonte buscando ese animalito, herido por la vida.

El disfrutaba de ser un creador, aunque no fuera comprendido en sociedad.

Se ducho y se fue a dormir por la noche.

VIII

Caminó por el edificio subió las escaleras y se puso a escribir un poema y se durmió, y escribió:

A Alejandra Pizarnik

Elevado canto de las nereidas rojas, en el viento lacerante.

Eres el viento de la isla de ídolos ígneos de la poesía,
Alejandra, donde la muerte se revierte.

Eres la caracola en la mar, y en el huerto herido.
Eres el suicidio latente del poeta iluso.

Elevado canto que expresa la alta poesía,
Cantando las baladas incógnitas solitarias
Yaciendo en el umbral de la grieta oscura.

Alejandra, ¿Dónde estás?
En que planeta solitario.
Donde escondiste el amor crisol del olvido.

Te enmiendo de todo pecado.
Como todo hombre de letra herida
De pájaros suicidas del ayer.

Hoy somos esto
Escritores que quieren escribir la poesía del hoy.

Lo esperaba un largo día fue al correo y miró a la gente, se sentía extraño como si en otras vidas hubiera vivido eso.

IX

Aquella tarde había leído a Jorge Sagrera y los Corderos imperfectos, obra que gustaba a Javier y caminó por Palermo.

Luego vino y se puso a escribir, leyó A mirta Mantovani y su novela El huésped, se sintió solitario.

Aquella tarde era de muerte y escribió un poema:

Herida mortal

La herida mortal, huellas en la playa.
El numero imperfecto de la nada.

La herida de las playas, del hombre.
El gimiente niño... y sus manos.

Herida que apremia el horizonte.

La palabra
La palabra hermosa.

La semental, esa plagiada palabra.
El numero imperfecto del todo.

Humo que cristaliza la vida

Tu vida, mi vida.

Camino por el edificio, sintió un maullido y vió un gato negro.

Se puso a mirar televisión en su depto.. y vió la película lo que el viento se llevó.

Luego de un tiempo regresó a su guarida en Palermo y tuvo sexo con una prostituta rubia.

No tenía nada en contra de las prostitutas pero siempre pensaba que le traían mala suerte para una novia formal.

Aquel día sintió ese primer beso de adolescente y temió morir.

Llegó la noche y se sintió solitario .

X

Aquella tarde leyó a Gustavo Adolfo Becquer, sus Rimas y leyendas, y pensó en el Español, los destinos de los escritores.

Era como otra muerte leer, para ser extraños.

Ser lo que debamos ser, o no ser nada mas que un vacio en el universo.

Javier escritor se puso a estudiar Ajedrez tal vez el juego que lo justificaba como escritor, jugo el Go aunque tenía nociones básicas.

Tardo tiempo hasta que en Argentina volvían los gorriones a sus nidos, pero esos gorriones eran el símbolo de una época.

Luego la leyenda nacería en un escritor.

Otro escritor nacía en Argentina, y leyó Jorge Luis Borges y sus Elegías.

La vida era simple y compleja pero era una como decía Niesche

XI

Y aquella noche se sintió muy triste y escribió un relato :

La sangre que corre por el rio

Al otro vampiro

I

En la casa, los fantasmas deambulaban, en esos paramos.

Ese día el asesino caminó por un barrio de Buenos Aires.

Luego de tomar un café, se dirigió al lugar del crimen. De pronto se abrió una puerta mágica. de otro yo...

Era una noche penumbrosa

Allí vio el infierno, todos los demonios estaban en ese lugar.

Luego de un tiempo decidió no matar a la víctima.

II

El asesino salió a matar perros, los acuchillaba, luego vió a una mujer, la violó y luego tomó su sangre.

Los años pasaban él no se hacía viejo.

Luego de años, transcurrieron las leyendas.

Algunos afirmaban que eso hombre entraba a un rio de sangre en un mundo incognito.

A veces una señora decía verlo en medio de un camino y que gritaba como enloquecido.

Los años pasaron y la casa estaba maldita.

Con el tiempo la maldición llegó hasta un túnel y en ese túnel, decían que aparecía un demonio gris.

III

Las leyendas afirmaban, que unos soldados pasaban por el lugar, que vomitaban sangre, y que se acuchillaban.

Las maldiciones llegaban, hasta un rio de sangre.

El asesino caminó por un barrio de Palermo.

Luego de varios intentos se desgarró las manos.

Algunos afirmaban que esa sangre era de un dios, que la tierra estaba maldecida, que el país Argentina era una tierra de soledad y herida por los demonios satánicos.

El escritor padecía de una enfermedad crónica y se inyectaba, una sustancia en las venas,, dos veces por día.

Sexta Parte

Viaje por el subte

I

Inició un ultimo viaje antes de dejar Argentina, eran épocas difíciles el covid 19 había matado a muchas personas.

Javier se dirigio al subte para encontrarse con un Pai umbanda.

Subió al subte y se sentó.

El tren comenzó a moverse, y el leyó un libro de Julio Verne.

Así paso esa tarde.

II

Viajaba en el subte iban en su vagón pocas personas.

Y leía viaje a la luna.

Luego de un rato se durmió, cuando despertó miró el lugar y nadie estaba.

Bajó del subte y caminó hacia las escaleras.

III

El pai umbanda lo recibió con una bendición.

Y realizó un rito umbanda.

Y luego de hablar, se marchó Javier.

Dejo unos escritos y caminó a un cementerio cercano.

IV

Volvió del cementerio y subió al subte de regreso a su departamento.

VIó una sombra y encontró otra persona igual a el, y pensó el hombre duplicado de Saramago.

Si Javier soy tu doble, y que esperabas otro asesino, otro Javier, soy otro me llamo José y soy tu doble, pero no soy asesino soy sacerdote hablemos en el viaje.

Y el viaje se hizo eterno cuando se contaron sus vidas

Era una tarde en Palermo cuando se encontraron, y dialogaron sobre sus destinos.

Y aquí termina la historia, los secretos son secretos, y dejo aquí este mensaje, siempre hay otro hombre en nosotros mismos..

El mono rojo

A Martin Acuña que confía en mi narrativa

En un lugar del universo, en un planeta oscuro, habito un mono rojo, sus pasos marcaron el lugar de las cuevas.
Cada vez que salía a buscar comida, miraba los rostros de una pirámide.
En esos tiempos prehistóricos, las llamas danzaban en medio de unos ritos.

El mono rojo se acercó a un sitio, un lugar donde unos raros peces se morían, en manos de unos seres enormes.
Al atardecer una gran manada de búfalos blancos hirió a los tigres exóticos.
El mono se dirigió a una caverna, allí encontró una roca de luz, la tomo.

Llego hasta una cima de un risco, y tiro el cristal de poder, y se estrelló contra las rocas.

Luego el mono comió unos frutos. Durmió, toda la noche durmió.

Luego despertó convertido en niño y camino hacia la escuela, en la escuela se sentó y tomo apuntes de matemáticas.
A la tarde se dirigió hacia su casa, luego subió por una escalera y entro a la biblioteca.
Comenzó a leer un libro, y las cruces en sus ojos se mezclaron.

Luego más tarde tomo un jugo, y se puso una campera.

A la distancia vio un pájaro, y luego de varias horas se miró en un espejo, y el rostro era de un mono.

El mono despertó y ante él estaba un gran lobo, luego la tarde murió en ese lugar de eternidad.

A la distancia se vieron varias manadas de búfalos y las cuevas se llenaron de monos, todos tomaron un cristal y lo tiraron por un acantilado.

Las historias son leyendas, pero todo es posible, todo en la realidad, algún día ese mono será un hombre y tendré que contar esta historia nuevamente.

La dama de la sangre roja

A Roberto Arlt

Era una noche palpitante, la dama se dirigió a un páramo, allí vio una escena tremenda, su marido estaba muerto. Aquella noche enloqueció.

Caminó por la costa y se adentró en un bar.

- Estoy enamorada repetía al grupo de hombres.

Luego de un tiempo fue por el mar.

En el mar subió a una canoa y se dirigió a una isla.

Cuentan que los demonios de la isla la acompañaban.

Su amor estaba perdido tomó un cuchillo y se lo clavó en el cuello y fue muriendo desangrada.

Luego de un tiempo pasa un policía, y ve el cuerpo descompuesto y...

El mago de la isla salvaje

A Jorge Luis Borges

Aquella noche en el castillo el mago enamorado se dirigió a una isla, en medio de un rito mató a una mujer. Aquella noche cuenta la leyenda que se transformó en una pantera grande.

La pantera acechó el lugar, como si todo fuera maldito. Su antiguo amor era desdichado.

En la cueva acechó a un grupo de hombres desarmados, y fue matando uno por uno.

Aquella noche el mago volvió en si se despertó, miró el lugar estaba en su habitación y una mujer le decía

Hola amigo soy tu novia despierta y luego un chuchillo...

ABorges

Mi pregunta es si los atardeceres serán de Borges, un lector de muchos años. Y su

critica.
El fue un autor de los grandes, miro el firmamento y lo veo caminar. Sus dudas, sus laberintos, su prosa y poesía. Es una maravilla admirar este escritor. Donde los fantasmas están o estuvieron.
Cuenta una leyenda que Borges se aparece en un subte de Buenos Aires. Las leyendas son esos mitos que se van apareciendo mientras uno vive. La vida de Borges es una pasión. Largas historias pera un cuento, de esos cuchilleros del arrabal. Borges es ese cuchillero que está ahí en la puerta de un subte. Ese es Borges un escritor de la periferia.
Ese es el malevaje, el artista Argentino y su ironía. La conclusión es el ensayo de una vida de escritura y de ceguera, la hermana del otro Borges.
Ese era el nativo el gaucho Martin Fierro, que seduce a Borges. Y las ultimas palabras de un tiempo y Bioy Casares que le arrima una historia en el sur, el sur cuento engendrado en la patria de una virtud ilusa.

El pez del mar

EL pez del mar salta en una canoa, y el náufrago lo atrapa, y en horas se lo come.
Luego tira la caña y saca otro pez, lo mira y lo guarda en una bolsa.
Las horas pasa, el sol del caribe es fuerte, y luego se come el pez.
Pasan las horas, los días y años y el hombre muere en la canoa.

Afirman que esos días pasan tormentas y la canoa vacía a la deriva en medio de la soledad...

El lobo salvaje

- A Agustina Albornoz de Cuatro vientos editorial.
- EN un bosque al sur de Argentina, existió un lugar místico, donde habitaba una raza grande y salvaje de lobo.

Cuentan que ese día salió un hombre con un cuchillo de una casa oscura. Bajó hacia el río de deshielo y se enfrentó con el animal.

Cada vez la sangre se derramaba por el lugar.

El lobo con un puñal clavado se dirigió a un rio, y allí murió y cuen tan que el lugar se llenó de unos peces de colores fuertes.
La leyenda afirma que en esos lugares habitaron fantasmas y que l os aullidos se escuchan todavía.

Fecha de inscripción : 04/06/2009

El ajedrecista

Él era un gran escritor, pero se obsesionaba con el ajedrez, miraba las piezas. Se reunía a jugar ajedrez con amigos, un día se internó por un laberinto, ese laberinto llevaba a un lugar de fantasmas. Ese día conoció otro mundo.
Allí caminaba despacio, miraba el río, y luego salió por el laberinto.
Caminaba por Buenos Aires, y miraba los edificios, un perro lo seguía.
Aquel día decidió su destino, sería profesor de ajedrez y enseñaría en una pequeña escuela de su barrio.
Los años pasaron y ya mayor, seguía jugando ajedrez, amaba el ajedrez y se sentía cómodo.
Al morir su vida había sido monótona, pero el que era un escritor dejó muchos libros publicados y luego de su vida siguieron muchos años donde su nombre figuraba en diarios. Dom Mayo 21, 2023 7:09 am

El laberinto de mi madre

Dentro de mi madre, hay un laberinto, me interno, en las casas.
Miro una mesa y me siento a escribir este relato.
El laberinto de mi madre es sinuoso, allá en los ríos penetran peces gordos.
Los tigres me acechan.
Salgo del laberinto miro el derredor y estoy en el universo.
Mi madre me habla, de fuera del laberinto.
Camino por millones de años y el amor siento desde fuera del laberinto.
Luego pasa un escritor y duermo hacia la eternidad.

Cuando la noche cae...

Hay un mundo debajo, en el túnel, bajo Argentina, ese lugar es extraño, aparecen seres...

El mal impera en la tierra, y un gran gusano pasa, por muchos lugares.

En la leyenda de cada día, aparece un gato, gigante, animal de la noche, satánico, y del olvido, un genio escritor está en una torre escribiendo toda la noche.

En esos laberintos, dicen, aparece el espectro de Jorge Luis Borges, en las entrañas de Buenos Aires... hoy invocaré los espectros del autor, y de muchas personas... maldiciendo cuando cae la noche, cuando la sombra aparece, en los lugares y los gritos se escuchan y las cadenas rozan el hombro.

Un puñal, unas piñas penetra la tierra, y García Lorca viven en los álamos talados de Mendoza de Abelardo Arias... cada día las muertes suceden...

Hoy la mano que bendice... que implora la tierra y los cardúmenes en los ríos...

una casa
abandonada. Comentan las leyendas que esos lugares bajaban los muertos, seres putrefactos.

Comentan que tortuosos gritos del infierno salían por un orificio de la casa.

Ese día encontraron colgado a Edgar, en medio de la nada sobre un árbol, y una escritura que
decía...

El dragón del laberinto
Uno puede encontrar muchos dolores cuando está cayendo la lluvia.

John Steinbeck

Llovía esa tarde en la escuela, llovía y el niño estaba triste, y leyó un libro: El dragón del laberinto. Era un libro para jóvenes, pero descubrió una historia fascinante, el era un dragón que salvaba hombres en la guerra.

Luego que paró la lluvia, se fue a su casa desde la escuela, y pasó por una plaza de la ciudad. Imaginó dragones y así se sintió muy bien.
Aquella tarde el había decidido ser escritor, un escritor de años, pero no se animaba a escribir ya que admiraba a un escritor Argentino Frances, era Julio Cortazar, había leído sus cuentos y Rayuela, pero luego de años de leerlo, decidió que el también quería ser un escritor, y comenzó de a poco y con los años cuando fue creciendo se dio cuenta que era muy difícil aprender a escribir, que llevaba tiempo y mucha dedicación, hoy el niño es un hombre y fue ternado para el premio nobel de letras varias veces, el se siente asombrado, su fama se extendió por todo el mundo.
Hoy yo soy ese escritor, y les cuento que me encontré con Heminway en los sueños y también con Borges, ellos es como si me dictaran las palabras.
El dragón anda por los lugares extraños, y esos lugares son mundos, los escritores crean esos mundos.
Alla va un barco que llegará a un puerto, luego a un amor y a leer a Horacio Quiroga, en la selva, donde un yaguareté estará acechando...
Los lunes son raros tienen algo de tristeza...

EL rostro

En medio de una ciudad de Italia, aparece un fantasma. Dice la historia que aquella noche un rostro apareció.

Se adentra el espectro por laberintos Borgeanos, y espejos. A la distancia surgen unos lobos.
La advertencia del laberinto es: NO TOQUES LAS MANOS.
En esos lugares malditos, donde la tierra es maldecida. Esta un escritor, dirigiendo la pluma y mirando una calavera.
Luego una luz a la distancia matiza el paisaje. . Luego en medio de la nada una nave alienígena surge, en el área 39 un área secreta de la tierra.
Con sus manos, un hombre toca la nave, y con el correr de la historia aparece el espectro y el rostro.
A veces un perro pasa por el lugar, donde hay tumbas, tumbas sagradas.
Los lugares son secretos y aparece un rostro y otro.

En el edificio

En un lugar, de Buenos Aires, sube el ascensor una mujer bella. Camina hasta una habitación, luego mira, se desnuda, y espera a su amante.

Varias horas pasan, no concurre su cliente, entonces fuma.

Pasan las horas, prende el tv plasma. Y vuela su imaginación:

Está en una playa soleada, pero de repente unos cocodrilos la acechan...

Despierta Mirta de su sueño, está por ir a trabajar es médica, tuvo pesadillas, aquella tarde le dijeron que tenía pocos momentos de vida y que no volvería a ser medica en su trabajo.
Varios meses pasaron y murió, sus hijos la despidieron en un cementerio parque.

El mono rojo

A Martin Acuña que confía en mi narrativa

En un lugar del universo, en un planeta oscuro, habito un mono rojo, sus pasos marcaron el lugar de las cuevas.

Cada vez que salía a buscar comida, miraba los rostros de una pirámide.

En esos tiempos prehistóricos, las llamas danzaban en medio de unos ritos.

El mono rojo se acercó a un sitio, un lugar donde unos raros peces se morían, en manos de unos seres enormes.

Al atardecer una gran manada de búfalos blancos hirió a los tigres exóticos.

El mono se dirigió a una caverna, allí encontró una roca de luz, la tomo.

Llego hasta una cima de un risco, y tiro el cristal de poder, y se estrelló contra las rocas.

Luego el mono comió unos frutos. Durmió, toda la noche durmió

Luego despertó convertido en niño y camino hacia la escuela, en la escuela se sentó y tomo apuntes de matemáticas.

A la tarde se dirigió hacia su casa, luego subió por una escalera y entro a la biblioteca.

Comenzó a leer un libro, y las cruces en sus ojos se mezclaron.

Luego más tarde tomo un jugo, y se puso una campera.

A la distancia vio un pájaro, y luego de varias horas se miró en un espejo, y el rostro era de un mono.

El mono despertó y ante él estaba un gran lobo, luego la tarde murió en ese lugar de eternidad.

A la distancia se vieron varias manadas de búfalos y las cuevas se llenaron de monos, todos tomaron un cristal y lo tiraron por un acantilado.

Las historias son leyendas, pero todo es posible, todo en la realidad, algún día ese mono será un hombre y tendré que contar esta historia nuevamente.

La dama de la sangre roja

A Roberto Arlt

Era una noche palpitante, la dama se dirigió a un páramo, allí vio una escena tremenda, su marido estaba muerto. Aquella noche enloqueció.

Caminó por la costa y se adentró en un bar.

- Estoy enamorada repetía al grupo de hombres.

Luego de un tiempo fue por el mar.

En el mar subió a una canoa y se dirigió a una isla.

Cuentan que los demonios de la isla la acompañaban.

Su amor estaba perdido tomó un cuchillo y se lo clavó en el cuello y fue muriendo desangrada.

Luego de un tiempo pasa un policía, y ve el cuerpo descompuesto y...

El cuervo de Allán Poe

Aquel día en medio de un lejano laberinto penumbroso, de esos lugares oscuros de la tierra.

Apareció un cuervo, ese cuervo merodeaba una casa, en esa casa, sonidos de ultratumba.

Aquel día era de demonios, y se vio un escritor, un escritor que tiraba unos cuchillos al río.

Era Edgar Allan, y escribía en un cuaderno. De repente una figura del horror sale de l río, y lo atrapa,
una figura de negro, como una inmensa mancha que llena todo.

Aquella noche unos pájaros malditos cruzaron el lugar, y el paisaje se metamorfoseaba.

A la distancia la luna y un silencio, solo un pequeño cuervo bajaba por una escalera en

una casa
abandonada. Comentan las leyendas que esos lugares bajaban los muertos, seres putrefactos.

Comentan que tortuosos gritos del infierno salían por un orificio de la casa.

Ese día encontraron colgado a Edgar, en medio de la nada sobre un árbol, y una escritura que
decía...

El dragón del laberinto
Uno puede encontrar muchos dolores cuando está cayendo la lluvia.

John Steinbeck

Llovía esa tarde en la escuela, llovía y el niño estaba triste, y leyó un libro: El dragó n
del laberinto. Era un libro para jóvenes, pero descubrió una historia fascinante, el er a un dragón que salvaba hombres en la guerra.

Luego que paró la lluvia, se fue a su casa desde la escuela, y pasó por una plaza de la ciudad. Imaginó dragones y así se sintió muy bien.
Aquella tarde el había decidido ser escritor, un escritor de años, pero no se animab a a
escribir ya que admiraba a un escritor Argentino Frances, era Julio Cortazar, había leído sus cuentos y Rayuela, pero luego de años de leerlo, decidió que el también quería ser un escritor, y comenzó de a poco y con los años cuando fue creciendo se dio cuenta que era muy difícil aprender a escribir, que llevaba tiempo y mucha dedicación, hoy el niño es un hombre y fue ternado para el premio nobel de letras varias veces, el se siente asombrado, su fama se extendió por todo el mundo.
Hoy yo soy ese escritor, y les cuento que me encontré con Heminway en los sueños y también con Borges, ellos es como si me dictaran las palabras.
El dragón anda por los lugares extraños, y esos lugares son mundos, los escritores crean esos mundos.
Alla va un barco que llegará a un puerto, luego a un amor y a leer a Horacio Quirog a, en la selva, donde un yaguareté estará acechando...
Los lunes son raros tienen algo de tristeza...

Printed by Books on Demand GmbH, Norderstedt / Germany